菅直人の原点を探る

公開霊言

市川房枝
高杉晋作

大川隆法
Ryuho Okawa

まえがき

民主党政権の表紙がはり替《か》えられて、鳩山前総理から菅直人新総理へと政権が移行した。本来六月四日組閣予定だった新内閣は、同日、天皇陛下《へいか》が葉山《はやま》の御用邸に御静養に行かれたので、組閣が六月八日に先のばしになった。昨年十二月、小沢前幹事長の強引《ごういん》な中国国家副主席と天皇との会見設定という、天皇の「政治利用」に引き続き、今回は温家宝《おんかほう》首相との会談の直後の鳩山首相辞任劇だったので、さすがの天皇も、宮内庁《くないちょう》と一体となって、不快感をお示しになったのだろう。天皇制や国歌、国旗を心の底では憎んでいる人たちに、首相や大臣を任命するのは、さぞおつらかったことだろう。しかし日本のマスコミは、中国や北朝鮮のマスコミ同様、口をつぐんで、一言《ひとこと》も論評しようとはしない。
本書で「菅直人の原点を探る」ことが、日本の未来を予測することにもなろう。

二〇一〇年　六月十五日

国師《こくし》　大川隆法《おおかわりゅうほう》

菅直人の原点を探る　目次

第2章　高杉晋作《たかすぎしんさく》が見た「奇兵隊《きへいたい》内閣」

二〇一〇年六月十二日　高杉晋作の霊示

第1章

菅直人氏の思想の源流

二〇一〇年六月十二日　市川房枝の霊示

市川房枝《いちかわふさえ》（一八九三～一九八一）

大正・昭和期の婦人運動家。政治家。戦前・戦後にわたり、婦人参政権運動等に取り組む。一九五三年、参議院議員に初当選。以後、通算五期二十五年、参議院議員を務めた。菅直人氏に影響《えいきょう》を与《あた》えた政治家の一人であり、菅氏は政治家になる以前、一九七四年の参議院選挙において、市川房枝の選挙事務長を務めている。

［質問者二名は、それぞれA・Bと表記］

1　菅政権の発足《ほっそく》に当たって

大川隆法　六月八日に、菅新総理の組閣があり、六月十一日、国会で所信表明演説がなされました。

そのなかで、菅総理は、「自分の政治家としての原点は、故・市川房枝氏の選挙のお手伝いをしたことである」というようなことを述べて、草の根政治家としての出発点を表明していました。

したがって、政治家・菅直人氏の思想の源流を探るためには、「今、市川房枝という人が、どういう状態にあって、どんなことを考えているのか」を調べてみることも必要かと思います。

そして、「菅政権の誕生について、どう思っているのか」「今の政治について、どう考えているのか」等を訊《き》いてみて、それを世に出すことも、ひとつのお祝いとして、よろしいのではないかと思います。

一方、組閣後の記者会見のときに、自らが山口県生まれで、高校生ぐらいまで住んでいたことから、尊敬する人物として、高杉晋作《たかすぎしんさく》の名を挙げていました。そして、高杉晋作がつくった奇兵隊《きへいたい》になぞらえて、「自分の内閣を〝奇兵隊内閣〟と名付けたい」というようなことを述べていました。

菅氏は、「高杉晋作を尊敬している」ということなので、今回、「高杉晋作の目からは、菅政権が、どう見えるのか」も訊いてみて、これも、はなむけの言葉として贈《おく》りたいと思います。

私のほうは、ニュートラル（中立）な立場であって、「高杉晋作が、菅氏を、どう見ているのか。ほめるのか、批判するのか」は分かりませんが、何か意見を聴《き》けたら、ありがたいと思っております。

緊急《きんきゅう》の霊言《れいげん》ではありますが、「新しい政権、特に新しい首相は、これから、こうするであろう」ということを読むに際しての、非常に大事な内容になるのではないかと考えます。

2　女性政治家・市川房枝を招霊《しょうれい》する

大川隆法　私は、市川房枝氏とは、生前、面識もなければ、話をしたこともなく、彼女が霊界《れいかい》に行ってからも接触《せっしょく》はないので、今回が初めてです。

女性政治家の市川房枝氏の霊言《れいげん》が録《と》れるかどうかは分かりませんが、やってみたいと思います。

（約二十秒間の沈黙《ちんもく》）

女性政治家・市川房枝の霊よ、女性政治家・市川房枝の霊よ、願わくは、幸福の科学教祖殿《きょうそでん》・大悟館《たいごかん》に降りたまいて、われらに、その心を明かしたまえ。

女性政治家・市川房枝の霊よ、願わくは、幸福の科学教祖殿・大悟館に降りたまいて、その心の一端《いったん》を、あるいは、教え子である菅直人新首相に対するはなむけの言葉を、お伝えくだされば幸いです。

（約五十秒間の沈黙）

A――　市川房枝先生でしょうか。

市川房枝　ええ、そうです。

A――　おはようございます。

市川房枝　ええ、おはようございます。

A――　本日は、幸福の科学の大悟館にお招きいたしました。

市川房枝　ああ、そうですか。

A――　はい。

市川房枝　年を取りましてねえ、ちょっと、体が不自由なんです。はい、すみません。首がちょっと重くてね。ああ、申し訳ないです。

A――　とんでもないです。

市川房枝　言葉が明瞭《めいりょう》でなくて、すみません。

A――　いえいえ、本日は、ありがとうございます。市川先生におかれましては、日本の政治において、婦人参政権運動を主導されました。婦人の地位向上に尽《つ》くされ、多大な功績をあげられたと思います。

市川房枝　ええ、ありがとう。

A――　市川先生の下《もと》で、政治家としての人生をスタートした菅直人氏が、このたび、首相となられました。

市川房枝　ええ、ええ。そう聞きました。

A――　その菅直人氏について、お訊《き》きしたいと思います。当時、市川先生の目からは、菅直人氏が、どのような人物に見えておられましたでしょうか。まず、そのあたりをお聴《き》かせいただければ、幸いです。

市川房枝　うーん、あの若い人がねえ、好青年の若い人がねえ、総理大臣になったっていうのは、本当に、まあ、時が過ぎたのを、時代が変わったのを感じますねえ。

あの若い人がねえ、あの青年がねえ、総理大臣まで行きましたか。そうですかあ。はあ。あの若い人がねえ。

でも、好青年でしたよ。とてもハンサムでねえ、ええ、なんだか熱心な人でしたねえ。まあ、私どもの手伝いを一生懸命《いっしょうけんめい》してくれましたよ。うん。ご自分も立候補しては、何度も落選されていましたが、まあ、ゼロから政治家を目指されていたのでね。市民運動家として政治家を目指されたんだと思いますよ。はい。

3　市川房枝の死後の様子

自分が死んだことを自覚していない、市川房枝の霊《れい》

市川房枝　ああ、ここは、何《なん》なんですかねえ？

A――　ここは、宗教法人幸福の科学の大悟館《たいごかん》という所です。

市川房枝　宗教？

A――　はい。

市川房枝　ふーん。なんで、私、宗教にいるんですかねえ。

A――　市川先生は亡くなられておりまして……。

市川房枝　はあ？　いや、そう？

A――　ご自分が亡くなられていることは、ご存じでしょうか。

市川房枝　いや、年を取りまして、ぼけましたし、体は不自由ですが……。

今、「なくなった」とおっしゃったんですか。

A――　はい。

市川房枝　そうですか。最近まで、何か仕事をしていたようにも思うんですけど。

A――　はい。

市川房枝　なくなりましたか……。「なくなった」って、どういうことですか。

A――　「死んだ」ということです。

市川房枝　ええっ！

A――　「死んだ」ということです。

市川房枝　ええっ！　死んだって？　そんなはずは……。死んだ……。いや、長生きはしましたよ。

A――　はい。

市川房枝　とても長生きしましたので、〝浦島太郎《うらしまたろう》〟になっているとは思いますけれども、そんなことが分からなくなってしまうほど、ぼけたのでしょうかねえ。うーん。

え？　「死んだ」って言いました？

A――　はい。一九八一年に亡くなられています。

市川房枝　一九八一年？

A――　はい。

市川房枝　そうですか。一九八一年、一九八一年、一九八一年……。うーん、私、長生きしましたよねえ？

A――　ええ、そうです。

市川房枝　すごく長生きしたように思うんですけどねえ。そうですか、一九八一年に……。今、何年になってます？

Ａ――　今、二〇一〇年です。

市川房枝　二〇一〇年なんですかあ？

Ａ――　はい。

「自分はずっと闘病《とうびょう》している」と思っていた

市川房枝　うーん。じゃあ、私は一九八一年に亡くなって、今、二〇一〇年ということは、私は何《なん》なんですか。

A――　魂《たましい》、霊として、こちらにお招きいたしました。

市川房枝　ええっ！

A――　宗教法人幸福の科学の大川隆法総裁のお力によって、お呼びさせていただきました。

市川房枝　うーん、うーん……。私は、世の中を変えることだけに専念していたので、それ以外のことは、あまり、よく知らないんです。

ただ、お言葉ですが、私は生きているような気がするんですけれども。

A――　今は、霊として、生きておられます。「死ぬ」ということは、「肉体が滅《ほろ》びる」ということであって、肉体のなかに宿っている霊、魂は、死後も、生きております。

市川房枝　うーん、ですけど……。

A――　だから、考えることができます。

市川房枝　ええ、生きています。

A――　ええ、考えることはできます。

市川房枝　年を取って、不自由で苦しくて、さっきも、ちょっと横になっていたんです。

首が曲がるので、ちょっと調子が悪いんですけどねえ。ええ。

A――　あの世とか、そういうものについては、どう思われますか。三途《さんず》の川とか、そういう話を聞かれたことはありませんでしたか。

市川房枝　え？　いやあ、それは、私も古い人間ですから、そういうことは聞いたことがあります。知っています。

けれども、自分としては、「年を取って、闘病《とうびょう》している」と思っていました。

A――　人間は死んだとしても、意識としては残っております。市川先生の「心」は残っております。

首が痛むのは、「まだ肉体がある」と思っている証拠《しょうこ》

市川房枝　ああ。でも、首が痛いのは、どうしてですか。

A――　それは、そのように思っていらっしゃるからです。

市川房枝　ん？

A――　もう肉体はないので、本来、首は痛くないはずです。

市川房枝　でも、痛いんです。

A――　それは、「まだ肉体がある」と思っているからです。

市川房枝　うーん、そうなんですかねえ？

A――　はい。

市川房枝　体がちょっと不自由で、言葉もはっきり強く言えなくて、なんだか申し訳ないですけれども。

A――　いや、とんでもないです。

市川房枝　うーん、そうですかねえ？

まあ、私は、この世をよくすることばかり考えていたので、まあ、宗教については、そんなに詳《くわ》しく分からないんですけれども……。うーん、ちょっと、でも、体があるように感じるんですよ。

A――　そのように認識はできると思います。

ただ、こちらのモニターを見てください。（モニターを指しながら）モニターに映っている方の体は、ご自身のものではないと思いますが、いかがでしょうか。

市川房枝　うーん、目が、ちょっと、遠くてねえ。

A――　そうですか。

市川房枝　ええ、よくは見えないんです。うーん、そう？　ああ、まぶしいなあ。ああ、なんだか、久しぶりに、すごくまぶしい所に来たような感じがします。

A――　そうですか。ご自身の体を、ちょっと、ご覧になっていただけませんか。

市川房枝　え？

Ａ――　そういう服を着ておられましたか。

市川房枝　いや、これは、男の人の服ですよ。

Ａ――　そうですね。

市川房枝　時計……、こんなのは、してませんね。

Ａ――　はい。

市川房枝　変ですね。なんだか、私、生まれ変わったのかしら。

A――　いやいや、それは、大川隆法総裁のお体です。

市川房枝　なんで、大川さんとかの体に、私がいるの？

A――　霊ですから、体を借りることはできます。

市川房枝　ああ、じゃあ、それは、なんだか申し訳ないですね。

A――　そういうことで、今、あの世からお呼びしている状態です。

市川房枝　私は、体が悪くなって、ほかの人のところに移っちゃったんですか。

A――　今、「大川総裁の力によって、お呼びしている」という状況になっております。

市川房枝　ふーん、「ほかの人の体に宿っている」と言っているんですか。

A――　はい、そうです。

市川房枝　「生まれ変わる」ということですか。

A――　いや、生まれ変わりではありません。

市川房枝　ん？　違《ちが》うんですか。

Ａ――　これは、宗教的な秘儀《ひぎ》なのです。

市川房枝　男に生まれ変わったのではないんですか。

Ａ――　そうではないのです。

市川房枝　ああ。

宗教と政治とは別のものと考えていた

Ａ――　あの世については、何か聞かれていませんでしたか。

市川房枝　話には聞いていましたよ。古い人間ですからねえ。話には聞いていましたが、考えてはいなかったので、あんまり詳しくはないんです。うーん。

私は、女性たちを助けて、この世の不平等をなくし、平等な世の中をつくろうと、一生懸命《いっしょうけんめい》やっていたつもりなんですけどねえ。まあ、それ以外のことは考えていなかったので……。

まあ、晩年は、ずいぶん尊敬も受けましたし、いいことをずいぶんしたと思うので、もし、あなたがおっしゃるように、あの世に還《かえ》っているとすれば、もう少し楽でもいいような気がするんですけどねえ。

A――　楽になるためには、まず、「自分が死んでいる」ということを認識することが大切です。ぜひ、今から、そういう認識を持っていただきたいと思います。

ところで、市川先生は、何か宗教を信じておられましたか。

市川房枝　え？

A――　信仰《しんこう》です。

市川房枝　それは、あなた、政治は宗教とは別のものでしょう？　まあ、宗教には、冠婚葬祭《かんこんそうさい》はありますし、お墓参りはありますし、初参りもありますけど、政治は、この世の改革ですから、政治家としては関係のないことだと思っていました。

別に、宗教があるということ自体を、否定しているわけではありませんけれども、ま、「私の世界ではない」と思っています。

A――　そうですか。

不平等な世の中を放置している神仏には納得がいかない

A――　人権の平等ということから言えば……。

市川房枝　そうです。やっぱり、社会の不正を正さなくてはいけないと思いましてね。

A――　その平等のもとにあるものは、宗教であるとは思われませんか。

市川房枝　それは、ちょっと、分からないですけれども。

ただ、女性があまりにも虐《しいた》げられていて、社会進出がなかなかできないし、政治家にもなかなかなれない。大臣や総理大臣にもなれないし、会社でも社長になれない。「男に生まれたか、女に生まれたか」という偶然《ぐうぜん》で、人生がそんなに左右されるのは、やはり、近代の人権思想や民主主義思想から見て間違っているのではないかということで、長らく運動してきたのです。

Ａ――　近代の人権思想のもとにあるものは何だと思われますか。

市川房枝　んー、まあ、それは、アメリカの人権宣言かな？

Ａ――　その人権宣言のもとにあるものは？

市川房枝　ん？　もとにあるものは……。

A――　なぜ人間は平等なんですか。

市川房枝　まあ、もとにあるものは、たぶん、古代ギリシャの政治思想であり、民主主義なんじゃないですか。

A――　ストレートに考えた場合、人間の尊厳というものは、なぜ尊重されなければいけないのでしょうか。

市川房枝　だって、人間に生まれたら、みんな一緒《いっしょ》じゃないですか。アメリカの憲法にも、そう書いてあるんでしょう?

明治維新《めいじいしん》だって、封建制《ほうけんせい》を壊《こわ》して、四民《しみん》平等の世の中をつくったんでしょう?

昔の時代は、女性は、大学にも行けなかったし、仕事にも就《つ》けなかったし、選挙権もなかったし、被《ひ》選挙権もなかった。おかしいじゃないですか。

「そんな世の中が長く続いてきた」っていうんだったら……、ごめんなさいね、あなたがたは宗教だから、ものすごく嫌《いや》な思いをされるかもしれませんけれども、ほんとに神様や仏様がいらっしゃるなら、「そんな世の中を長く放置なされた、何千年も置いておかれた」っていうのは、私は納得がいきません。

4　当時、青年だった菅直人氏に教えたこと

「平等な社会」を目指していた市川房枝

Ａ――　今は、婦人の地位が非常に向上し、女性の政治家も当たり前のこととなっております。

市川房枝　ええ。そういうふうに聞いていますし、私も、そのために努力したつもりですので、尊敬を受けていると思っています。はい。

A――　ただ、現実には、女性のなかにも格差はあります。また、そもそも、女性と男性には、肉体的な機能の違《ちが》いがあります。

やはり、「差」というものは、この世の中から完全になくすことは無理だと思います。チャンスは平等にあると思いますけれども。

市川房枝　うーん、うーん。でも、まあ、私だってねえ、菅さんじゃないけどね、総理大臣になりたかったですよ。ええ。「女性の総理大臣になったら、この世の中は変わるな」って思ってましたよ。

A――　総理大臣になって、何をされたかったのでしょうか。

市川房枝　まあ、男女が半々に同じような地位に就《つ》ける世の中にしたかったですね。地位も給料も一緒《いっしょ》で、夫婦も対等で、何もかも、男女が対等な立場に立てる世の中にしたかったですね。

A――　具体的に言うと、どんな世の中でしょうか。

市川房枝　ん？

A――　例えば、夫婦のあり方は……。

市川房枝　夫婦というか、男の支配する世の中はあまり好きじゃないから、「結婚は、するもしないも自由だし、家に縛《しば》られる必要もない」とは思っています。結婚したくてするのなら、やはり、平等の契約《けいやく》を結んで、対等の権利を主張でき、夫婦ともに仕事と家庭が両立できるようにしなければいけませんね。
ま、世の中は、今、そういうふうに変わってきていると感じていましたよ。
男性も育児や家庭の仕事をしたり、夫婦が交替で食事をつくったりして、女性も働けるような時代になってきているので、私のやってきたことが、今、実を結んでいるのだと思います。はい。

A――　そうですね。
それでは、これから先の未来について……。

市川房枝　首が痛くてねえ。ごめんねえ。ずっと寝《ね》ていたので、首があまり回らないんですよ。すみませんねえ。ちょっと久しぶりなので。もう現役は引退していたので、ええ。すみません。

はい、「これから」、なんですか？

A――　今は、女性もかなり社会進出していますが、これから先の未来においては、どういう時代をつくっていきたいと思われますか。

市川房枝　私はどちらかと言ったら、女性のことしか考えていなかったので、まあ、「女性が、もっともっと上に立てたらいいな」と思っていますし、「あまり能力のない男性が威張《いば》ったりするような世の中はなくしていきたい」と思っていますよ。

A――　菅首相は、そういう意味では、能力の高い男性として……。

市川房枝　ま、若い人ですから、よく分からないですけど。

でも、まあ、私の平等思想に惹《ひ》かれて市民活動をなされたし、彼は、お金持ちや権力者、威張っている人間は大嫌《だいきら》いだったし、しがらみみたいなものも大嫌いだったし、ほんとに、弱い者の味方だったたんじゃないですか。うん。

それが、女性政治家の選挙活動を手伝うところからスタートした理由なんじゃないですか。

彼は、おそらく、「男女平等の社会をつくる運動」や、「貧富の差をなくす運動」ですね、そういう、貧しい人に豊かになってもらう運動を、政治家としてやりたいんだと思います。うん。

菅氏に教えた〝政治家としての正しい姿勢〟とは何か

A――　私からの最後の質問ですが、市川先生が、菅首相に薫陶《くんとう》された教えというものは、おもに何だったのでしょうか。

市川房枝　まあ、お手伝いをしてくださっていたので、薫陶というほどのことはないんですけれども。

ただ、強く言っていたのは、「不平等社会は、やっぱり、なくさなきゃいけない。すべての人間が平等に取り扱《あつか》われる世の中をつくらなきゃいけない」ということです。

そして、「政治家の仕事は、お金持ちや社会的地位の高い人間からいじめられている弱い人を護《まも》ることだし、お金持ちからお金を取って、貧しい人に再分配することである。弱い者いじめをしている権力のある人に対し、抵抗《ていこう》運動として〝政治的ゲリラ戦〟をするのが、政治家としての正しい姿勢だ」というようなことを基本的に教えていたと思います。うん。

A――　それは、マルクス思想とつながる考え方でしょうか。

市川房枝　んー、そうですね。まあ、基本的にはそうかな。

A――　市川先生は、やはり、マルクス思想を……。

市川房枝　まあ、私の時代には、ずいぶん流行《はや》りましたのでねえ。いちおう救済の思想だと思いましたよ。宗教の知識がないのに、こんなことを言うのは申し訳ないんですけれども、「マルクス思想があれば、宗教はなくてもいけるかな」と思っていましたよ。うん。

だって、「マルクスの思想が、貧乏《びんぼう》な人や、不平等な社会を救済してくれる」っていうんなら、マルクスがいれば、神様、仏様は要《い》らないじゃないですか。

A――　そうですか……。そうしますと、自由主義や資本主義については、どうでしょうか。

市川房枝　それだったら、強い者はもっと強くなるし、弱い者はもっと弱くなります。それに、親が偉かったら、自分も偉くなれるし、家に金がある者は有利になりますから、やっぱり、全部、ガラガラポンにして平等にしなきゃいけない。

だから、相続税みたいなものは取るべきだし、貴族制というか、華族《かぞく》みたいなものはなくすべきです。

私は、世襲制《せしゅうせい》の政治家とかは、やっぱり、幕府のときの大名制《だいみょうせい》と同じだと思っています。うん。自民党の政治家のなかには、そんなものも出てきたので、あまりよくないと思ってます。ハア。

A――　はい、ありがとうございました。それでは、質問者を替《か》わらせていただきます。

市川房枝　はい。

5　日本の安全保障と外交について

Ｂ――　市川先生、本日は、まことにありがとうございます。私《わたくし》からは……。

市川房枝　どなた？

Ｂ――　私《わたくし》は、幸福の科学の○○と申します。

市川房枝　○○さま？

B――　はい。私も同じく、宗教法人幸福の科学の職員でございます。

市川房枝　そうですか。政治の支援《しえん》団体ではなくて、宗教なんですね。なんか、少し、居心地が悪いんですけれどもね。ええ。

B――　先ほど、市川先生から、「かつては内閣総理大臣を目指していた」というお話もありましたが。

市川房枝　アハハハハ。お恥《は》ずかしい。お恥ずかしい。でも、世の中は変わるかなと思いましたが。

B――　それでは、日本の政治について、別の角度から、質問させていただきたいと思います。

市川房枝　はあ?

B――　質問内容は、日本の安全保障や外交についてです。市川先生は、このあたりの問題について、どのようにお考えでしょうか。

アメリカ軍はアメリカに帰り、アジアのことはアジアに任せるべき

市川房枝　んー、まあ、アメリカと同盟しているんでしょう?　いや、もう、アメリカには戦争でさんざん苦しめられましたからねえ。今、アメリカから、いちおう独立はしたと思うんですけれども、実情は、支配されてい

る状態が続いているんじゃないですか。だから、本当の意味で、アメリカから独立しないといけないでしょうねえ。

まだ、アメリカ軍の基地が日本にあるんでしょう？　沖縄《おきなわ》ですか。最近、なんか、すごく揉《も》めていたと聞きましたけれども、「沖縄にアメリカの基地がたくさんある」というのは、「戦争の最後に沖縄が占領《せんりょう》されて、そのままの姿になっている」ということでしょう？　戦後、もう四十五年もたったのにねえ。

四十五年？　え？　三十五年か。三、四十年たったの？

B――　六十五年たちました。

市川房枝　え？　いや、それは、ちょっと、あれですが、「何十年もたったのに、まだ米軍基地がある」ということは、「日本が支配されている」ということですからねえ。それは、帰ってもらわないといけませんわねえ。

B――　市川先生は、米軍が、沖縄など、日本各地に基地を置いていることの目的や意味について、どのようにお考えでしょうか。

市川房枝　だから、占領したんでしょう？　日本が戦争に負けたから、アメリカは日本を占領し続けているんじゃないですか。

B――　その〝占領〟の目的は何だとお考えですか。

市川房枝　んー、まあ、それは、日本が、先に、軍隊をもってアジアで大変な乱《らん》暴狼藉《ぼうろうぜき》を働いて、アジアの人たちを苦しめたので、そういうことがないように、米軍が駐留《ちゅうりゅう》し、日本の暴発・暴走を抑《おさ》えているんじゃないですか。

B――　ただ、米軍が、今、日本に駐留して、行《おこな》っていることは、日本の自衛隊との連携《れんけい》を深めて日本近海の防衛体制を強化したり、あるいは、韓国《かんこく》、台湾《たいわん》とも連携を取って……。

市川房枝　それは、いけませんねえ。もう戦争は終わったんだから、アメリカ軍は帰らなくてはいけません。アメリカが、アジアに干渉《かんしょう》するのは間違《まちが》いですね。アメリカ軍は、アメリカに帰るべきです。アメリカは、軍隊を引き上げて、アジアのことはアジアに任せるのがいいと思いますね。

「北朝鮮《きたちょうせん》は夢の国・理想の国」だと考えている

B――　ただ、実際に北朝鮮《きたちょうせん》では、今、核爆弾《かくばくだん》の開発をしています。

市川房枝　えーっ？　北朝鮮は、北朝鮮は「夢の国」ですよ！　なんてことを言うんですか、あなた。

B――　北朝鮮は、今、経済が破綻《はたん》しており、国民が非常に飢《う》えています。

市川房枝　うーん、それは、日本が悪かったのでしょう。先の戦争で、日本がすごく迷惑《めいわく》をかけた結果、国が非常に疲弊《ひへい》して、立ち直れないでいるのかもしれませんねえ。

B――　北朝鮮側は、そのように主張していますが、どうも、そうではないようです。経済よりも、核開発などの軍備拡張を優先させたために、経済が破綻したと言われています。ただ、核爆弾は完成しつつあるようです。

市川房枝　えーっ！　それは、ちょっと、私は初耳ですね。

B――　北朝鮮では、今、国民の生活は困窮《こんきゅう》を極《きわ》めております。

市川房枝　うーん、日本が植民地にしたのは、三十五年間でしたかねえ。伊藤博《いとうひろ》文《ぶみ》が暗殺されて、日韓併合《にっかんへいごう》をして、北朝鮮の人にもすごく迷惑をかけたと思うので、今、貧しいのなら、一生懸命《いっしょうけんめい》、支援してあげないといけないでしょうね。日本は豊かになったんでしょう?

A――　ただ、女性も含《ふく》めて、数多くの日本人が、北朝鮮に拉致《らち》されています。

市川房枝　はあ?

A――　拉致です。誘拐《ゆうかい》されたのです。

市川房枝　そんなこと、北朝鮮がするわけないじゃないですかあ!

A――　いや、これは、もう事実として明らかになっております。菅首相も、それについてはご存じです。

市川房枝　いや、北朝鮮は、「夢の国、理想の国」だから、自主的に向こうに移り住んだりしたんですよ。

A――　違います。拉致されたんです。

市川房枝　新婚《しんこん》旅行で行ってしまって、帰ってこないのを親が怒《おこ》ったりして……。

A――　いや、金正日《キムジョンイル》も認めております。

市川房枝　金正日って何ですか。金日成《きんにっせい》じゃないの？

A――　金日成の息子で、今の最高指導者です。その金正日が、日本人を拉致したことを認めています。

市川房枝　ふーん。ちょっと、よく分からないけれども、北朝鮮はいい国だし、日本は不平等な国だから、日本人はみんな北朝鮮に逃《のが》れていきたいでしょうね。

A――　北朝鮮には、誰《だれ》も行きたいとは思っていません。

市川房枝　拉致っていうのは、自民党が言うんじゃないんですか。自民党の右翼《うよく》の人たちは、「拉致」という言葉を使って、「北朝鮮に行きたい」という日本人のお手伝いをしてくださった、北朝鮮の方を悪く言っているんでしょう。きっとね。

A――　いやいや。今、市川先生がおっしゃったようなことを、かつて発言し、反省している社会主義系統の政治家がたくさんいます。

今は、もう、そういう発言をしたら、政治家を辞《や》めなければいけません。

市川房枝　えっ？　そうですか。でも、北朝鮮は……。

A――　菅首相も、北朝鮮による拉致問題の解決については、尽力すると言っています。

市川房枝　ソ、ソ、ソ、ソ連、ソ連や中国、北朝鮮っていうのは、もう「理想の国」ですよ。平等が完成された、人類の理想像ですよ。

A――　いや、実際はかなり違うことが、明らかになっております。

市川房枝　女性も働けて、男女同権で、理想の社会が実現したと……。

A――　言論の自由もありません。

市川房枝　「みんな平等で、貧富の差もなく、威張《いば》るような人もいない。本当に労働者の団結した理想的な平等社会ができた」というふうに聞いています。「日本時代は、本当にひどかったけれども、金日成の革命が成功して、今は非常にいい状態になり、みんな平和で平等で、幸福な生活を送っている」と聞いていますけれども。

A――　では、なぜ、共産主義の国で、世襲制《せしゅうせい》があるのでしょうか。

市川房枝　えっ？　世襲制？　今までは、革命で、抗日《こうにち》運動をしていただけで……。えっ？

A――　金日成のあとは、息子の金正日が後継者《こうけいしゃ》になりましたし、さらに、次は、金正日の息子が三代目になるだろうと言われています。なぜ、共産主義の国で、そのようなことが起きるのでしょうか。

市川房枝　うん、うん、まあ、でも、民主主義の国ですから、投票で選ばれたんでしょうかねえ。

A――　いや、投票はありません。北朝鮮は一党独裁です。

市川房枝　う－ん、まあ、それは、日本みたいに、右翼が悪いことをしないように、一党にしているんでしょうかねえ、きっとね。労働者だけの党であれば、一つでいいですものね。

A――　そうすると、自由な言論を封《ふう》じ込《こ》め、体制批判をするような人は強制収容所に送り込むような、全体主義の流れになっていきますけれども。

市川房枝　えー、ちょっと、あなたの言うことは、少し遠くから聞こえるようで、もうひとつ、よく分からないんですけど……。

A――　分かりました。（Bに）どうぞ。

B――　話は少し戻《もど》りますが、北朝鮮は、最近、核実験やミサイル発射実験などを現実に行《おこな》っています。

市川房枝　あっ！　分かりました！　それは、アメリカ軍がいるからですよ！日本にアメリカ軍がいるからでしょう。

B――　アメリカ軍がいるからですか。

市川房枝　米軍基地がいっぱいあるからですよ。アメリカが日本を取ったので、北朝鮮は、「次は、朝鮮半島が取られる」と思っているんでしょう。あっ、そう。朝鮮戦争がありましたものね。で、今、三十八度線で休戦しているんですよね？

B――　そうですね。

市川房枝　朝鮮戦争の決着をつけなきゃいけないから、アメリカは、核兵器を持ち込んで、北朝鮮を脅《おど》して、取ろうとしている。だから、北朝鮮は防衛しようとしているんですね、きっと。たぶん、そういうことですね。

北朝鮮は、そこまで成長したんだ。よかったね。（軽く拍手をする）

6 政治と宗教の関係を、どう考えるか

「マルクス主義があれば、宗教は要《い》らない」と考える市川房枝の霊《れい》

A――　ソビエト連邦が崩壊《ほうかい》したのはご存じですか。

市川房枝　ソビエト連邦が滅《ほろ》びた？

A――　はい。

市川房枝　それは……。えっ？　ソビエト連邦が滅びた？　なんで？

Ａ――　経済的に立ち行かなくなり……。

市川房枝　なんで滅びたの？　アメリカに滅ぼされたの？

Ａ――　いえ、自壊しました。

市川房枝　自壊？

Ａ――　はい。ソ連の崩壊は、共産主義が失敗した実例です。

市川房枝　そんな、ばかなことがあるわけがない。理想の国が、そんな……。

Ａ――　東ヨーロッパの共産主義国も、すべて解放されました。

市川房枝　いや、「解放」っていうのは、共産主義勢力が、軍事独裁型の右翼《うよく》政権から、人々を解放することを言うんですよ。

Ａ――　いやいや。ソ連が崩壊したあと、実際は、軍事独裁であったことが明らかになっております。

市川房枝　うーん……。

Ａ――　共産主義国は、今では、中国や北朝鮮《きたちょうせん》など、数カ国が残っているだけであり、ソ連は崩壊して、ロシアやウクライナなど、幾《いく》つかの国に分裂《ぶんれつ》しました。

市川房枝　それは、かわいそうに。

Ａ――　ソ連は失敗しました。政治的にも経済的にも失敗しました。

市川房枝　それは、かわいそう。でも、やったのは、アメリカでしょう？

Ａ――　いいえ、アメリカはやっておりません。自分たちで崩《くず》れ去っていったのです。

市川房枝　そんな！

A――　マルクスの予言は、はずれたのです。

市川房枝　ソ連では、男女平等だし、女性も社会進出して働けるし、子育ては男女共同でやって、国家も面倒《めんどう》を見てくれる。そんないい国が滅びるなんて、神も仏もないじゃないですか。

A――　そもそも、ソ連は宗教を禁じておりました。

市川房枝　うーん、でも、マルクス主義があれば、宗教は、なくてもいいでしょうねえ。中国も、毛沢東《もうたくとう》主義があれば、十分やっていけるはずですからね。

「宗教と政治は分離《ぶんり》していて関係がない」のか

Ａ──　先般《せんぱん》、毛沢東さんの霊《れい》もお呼びしたのですが、「あの世がある」という事実と、唯物的《ゆいぶってき》なマルクス理論とを、どのように結びつけるかで、今、悩《なや》んでいると言っておられました。

市川房枝　まあ、宗教は昔のものですから、現代とは合わないので、勉強した人たちが新しい考え方を出し、それでやっていけば、今は、いいんじゃないでしょうかねえ。

Ａ──　ですが、市川先生は、失礼ながら、あの世におりながら、あの世のことをご存じないわけですよね？

市川房枝　うーん、まあ……。

A――　今、あの世におられるのに、その思想がないために……。

市川房枝　いや、私は長生きして、ぼけているのは分かりますが、そういう言い方は、ちょっと角《かど》があるように感じます。

A――　失礼いたしました（苦笑）。

市川房枝　ええ。

Ａ――　ただ、宗教というのは、やはり、死後の世界がある以上、必要なものなのです。

市川房枝　それは、宗教の世界を信じる人がいてもいいとは思いますけれども、政治には関係のないことです。宗教と政治は分離《ぶんり》していますので、関係がないんです。

Ａ――　この世だけで人間が終わるのであれば、それでも、結構ですが……。

市川房枝　だから、首が痛くって……。首が痛いんだから、体があるんです。あなた、嘘《うそ》をついて、年寄りをいじめるのはやめてください。

A――　分かりました。それでは、本日は、このへんで、終了《しゅうりょう》させていただきたいと思います。ありがとうございました。

市川房枝　もう、よろしいんですか。

A――　はい。

7 菅氏の総理就任について思うこと

市川房枝　結局、これは、何だったんですか。

A――「菅首相が師として尊敬されている、市川先生にお話を伺《うかが》いたい」という趣旨《しゅし》でございました。

市川房枝　ああ、そうなの。菅さんが総理になったのね？　そう聞きましたよ。なんだか、年を取った感じに見えたような……。あれー？　若かったのにね。どうしたんでしょうね。なんか、年を取ったみたいな……。

で、「総理大臣になった」と言っているように聞こえましたねえ。

Ａ――　そうですね。

市川房枝　まあ、でも、私の理想を実現してくださるといいですね。

Ａ――　菅氏は恐妻家《きょうさいか》だそうですが、そういう意味では、婦人尊重ということなのでしょうか。

市川房枝　あの人は、いい男だからねえ。うんうん、いい男ですよ。あんなに偉《えら》くなるとは、ちょっと思わなかったけれどもね。うーん。

A――　世間では、「イラ菅」とも呼ばれていて、ちょっと、切れやすいところがあるようですが、当時から、そういうところはありましたでしょうか。

市川房枝　んー、ま、熱情家だからね。まあ、血の気が多くないと、政治運動はできませんからねえ。ええ。

A――　なるほど。やはり、若いころから、そういう傾向があったのでしょうか。

市川房枝　うん、正義を実現するためには、そうなりますよね。不正を見たら、怒《いか》らなければいけませんよね。ええ。

A――　はい、本日は、どうも、ありがとうございました。

市川房枝　ええ、なんだか、ほんとに、まぶしい。あれは何ですか。記者会見ですか、これは？

A――　いえ、宗教でございます。

市川房枝　私は、もう引退しましたので、記者会見をして言うほどのことはありません。

菅さんが総理大臣になったのは、喜ぶべきことですね。

A――　はい、どうも、ありがとうございました。

市川房枝　日本も、これで、きっと、いい国になるでしょうね。よかった。よかった。はい。

A――　ありがとうございました。

大川隆法　（市川房枝に）ありがとうございました。

8　菅氏の原点である市川房枝は左翼《さよく》思想の持ち主

大川隆法　こんなところでした。

今回の霊言では、政治と宗教の違《ちが》いが明らかになりました。「政治家、必ずしも、死後、よからず」、ですね。

彼女は、自分としては、いいことをやっていると思っているのでしょう。菅さんも、おそらく、同じような考えでしょうね。

言っていることは、要するに、「基本的には、マルクスや毛沢東《もうたくとう》が神仏の代わりである」ということです。

「マルクスの思想があれば、労働者はトップになって、平等な扱《あつか》いを受けるようになる。そして、階級社会がなくなり、男女平等になり、貧しい者も富める者も同じレベルになって、最終ユートピアができる」というように考えるので、「神仏や宗教は要《い》らない」という世界に入ってしまうわけです。

この理論は、一見、いかにも正しいように聞こえるので、理系の人だったら、そのままスポッと頭に入ってしまうかもしれません。また、「とにかく、あの世が信じられない」という人でも、こういう理論は受け入れやすいでしょう。

この筋の人は、日本には、けっこう多くいます。今、自分たちのことを〝表側〟と称《しょう》している人たちは、みな、そうかもしれません。

A――　そうですね。

大川隆法　どうしようもありません。「自分は死んでいない」と思っているので、供養のしようもないですね。

「体が弱り、首が痛い」と言っていたので、丸山眞男《まるやままさお》と同じような状態でしょう。彼も、まだ闘病しているつもりでいました（『日米安保クライシス』〔幸福の科学出版刊〕第1章「丸山眞男の霊言」参照）。

彼女は、時代的には、一九八一年前後で止まっています。ソ連の崩壊《ほうかい》を知りませんでしたし、北朝鮮《きたちょうせん》の事情も知らず、いまだに理想的な国だと思っているようです。

A――　はい、完全な左翼《さよく》思想ですね。

大川隆法　これが、菅首相の政治の原点であり、菅政権が「左翼政権」と言われる理由ですね。

第2章

高杉晋作が見た「奇《き》兵《へい》隊《たい》内閣」

二〇一〇年六月十二日　高杉晋作の霊示

高杉晋作《たかすぎしんさく》（一八三九〜一八六七）
長州藩士《はんし》で明治維新《めいじいしん》の志士。吉田松陰《よしだしょういん》の松下村塾《しょうかそんじゅく》で学ぶ。桂《かつら》小五郎《こごろう》（木戸孝允《きどたかよし》）や久坂玄瑞《くさかげんずい》らと共に尊皇攘夷《そんのうじょうい》運動に加わり、身分にとらわれない志願者で構成する奇兵隊《きへいたい》を組織して倒幕《とうばく》運動を展開したが、肺結核《はいけっかく》で死去した。

［質問者二名は、それぞれA・Cと表記］

1 「奇兵隊《きへいたい》内閣」という命名をどう思うか

菅首相が尊敬している人物の一人、高杉晋作

大川隆法　菅首相には、もう一人、尊敬している人がいるそうですが、その人のほうは、市川さんより、もう少し言論を展開するだろうと思います。

では、菅首相が尊敬している、もう一人の人物、長州人の高杉晋作の霊《れい》を呼びたいと思います。

（約十秒間の沈黙《ちんもく》）

明治維新の志士、高杉晋作の霊よ、明治維新の志士、高杉晋作の霊よ、幸福の科学教祖殿《きょうそでん》・大悟館《たいごかん》に降りたまいて、われらに、その政治的信条、日本のあるべき姿、未来の姿、日本の取るべき道などを、ご教示したまえ。

高杉晋作の霊よ、明治維新の志士、高杉晋作の霊よ、願わくば、幸福の科学教祖殿・大悟館に……。

高杉晋作　高杉です。

A――　おはようございます。

高杉晋作　おはよう。あ、君、久坂《くさか》さんじゃないか!

A――　おはようございます。

高杉晋作　なんで、こんな所にいるんだ？

A――　今は、幸福の科学に出家《しゅっけ》しております。

高杉晋作　生まれ変わったの、早いねえ。

A――　ええ。高杉先生も、魂《たましい》の兄弟が生まれ変わって、どちらかにいらっしゃるようですが。

高杉晋作　それ、言っちゃいけないんじゃないか。

A――　あ、そうですか。失礼いたしました。はい（笑）。

高杉晋作　う～ん。いや、お互《たが》い、「生まれ変わりが早い」ということは、「前回、修行は失敗した」ということだよな？

A――　（笑）

高杉晋作　「早く死んだ」ということは、「修行が足りていない」ということだろうなあ。だから、今、「早く生まれ変わって、修行しろ！」ということで、もう一回、この世に送り返されているんだろうな。

Ａ――　そうですね。

高杉晋作　いや、私も、今日は、何だか、うれしいような、うれしくないような呼ばれ方なんだけどねえ（苦笑）。いや、何て言ったらいいんだろうね。尊敬してくれるのは、うれしいけどなあ。

Ａ――「奇《き》兵隊《へいたい》内閣」という命名がなされてしまいましたが。

高杉晋作　それは、うれしいような、うれしくないような……。奇兵隊というのは、基本的には、侍《さむらい》ではない人の軍隊だろう？

Ａ――　はい。

高杉晋作　うーん。寄せ集めの軍隊で正規軍と戦うというものだったから、まあ、「奇兵隊内閣」というのは、〝四民《しみん》平等型戦闘《せんとう》部隊〟という意味かな。そういうことなんだろうけども……。

うーん。高杉晋作を尊敬してくれているから、うれしいことはうれしいが……。

うーん。

奇兵隊をつくったのは外国に備えるためだった

A――　高杉先生と菅首相の「精神の違《ちが》い」のようなものを、明確に教えていただけますでしょうか。

彼の精神は、「草の根だ」ということではあるようですが。

高杉晋作　うーん。そういうことだろうね。

Ａ――　ええ。

高杉晋作　奇兵隊というのは、農民などを武士と戦えるようにしたもののことだから、万人《ばんにん》に、そういう可能性があるだろうけれども、私の場合は、武士が手に入らなかったものだから、「とりあえず、にわかづくりの軍隊をつくり、突撃部《とつげき》隊をつくった」ということだね。

うーん。「菅内閣も似たようなものだ」と言われると、まあ、そうかもしれないけど、私自身は身分が高かったからねえ。

まあ、あなたのほうが偉《えら》かったかもしれないが、私のほうが身分はちょっと上だったような気が……。

A――「上士《じょうし》の出だ」ということですね。

高杉晋作　いや、あなたは秀才《しゅうさい》だからさ。私は、勉強のほうは分からなかったかもしれないけど、身分は私のほうが上だったような気がするからねえ。

A――高杉先生と菅首相の違いを考えたとき、「高杉先生は何のために奇兵隊をつくったのか」「菅政権は何のために奇兵隊内閣と名乗っているのか」という、この使命感のあたりが、いちばん大きな違いだと思うのです。

高杉先生は、何のために奇兵隊を立ち上げ、命を懸《か》けて戦ったのか。彼らに、これを教えていただきたいと思います。

高杉晋作　うーん。あなたの意を汲《く》んで言うと、それは、要するに、「長州の心」だな。「長州の心とは何だったのか」というようなことだろうな。

それは、「外国に備える」ということだね。

生前、私が上海《シャンハイ》に行ったときには、そこに来ていた外国の国力が高く、中国は植民地状態になっていた。だから、それに備えることが、「明治維新の心」だった。

そういう理由で、長州は、倒幕《とうばく》に入ったけれども、最初は、朝敵《ちょうてき》にされたり、幕府の敵になったりして、いろいろと、さんざんな目に遭《あ》った。

そのなかで、戦いを挑《いど》み、明治維新という革命を起こしたので、その「革命を起こした」というところを取って、自民党政権から民主党政権に移った〝革命〟を、明治維新になぞらえて言っているのかなと思うがね。おそらく、そうだと思う。

そして、おそらくは、民主党政権が「寄せ集め状態」であることをもって、奇兵隊と言っているのかな。

社民党のように、離《はな》れていったものもあるし、今、国民新党との連立も危ない状態だけれども、民主党政権は寄せ集め部隊だね。また、民主党のなかも一枚岩ではなく、自民党のような人もいれば、旧社会党のような人もたくさんいる。そういう混成部隊が民主党なので、〝奇兵隊〟が天下を取ったような気分でいるんだと思うけどね。

私は、国防を考える「軍事的天才」

ただ、私は、天才と言われる場合もあるんだけれども、そう言われる場合には、たいてい、「軍事的天才」ということなんだよね。そして、軍事的天才というのは、国防を考えるんだ。だから、そのへんでは意見が違うのではないかと思う。彼は、軍事を、政治力学のなかに置いて、「市民革命を起こす」というような意味で捉《とら》えているのかもしれないけどね。

いやあ、私も恐妻家《きょうさいか》だったから、菅の気持ちも分からんことはないが……。うーん。

そうだねえ、でも、これ、短いなあ、やっぱり。この政権は、もたないよ。基本的に、内容がないわな。

今どき、共産主義革命のようなことをやろうとしているんだから、この日本も落ちぶれたものだね（笑）。ええ？　落ちぶれたものじゃないか。もうすでに世界では終わってるよ、これ。世界では終わってるようなことを、やろうとしてるんだろう？

これは、遅《おく》れてきた、最後のあれじゃないですか。共産主義、社会主義の終焉《しゅうえん》が、日本で起きようとしてるんじゃないの？

中国のほうが、どんどん資本主義化のほうに走っているじゃないですか。あれは止まらないよ。中国のほうは、もう、金儲《かねもう》け一色で、ほかのことは考えていないんだよ。金儲けのことしか考えていないので、かつての日本、戦後復興期の日本のようだよね。

日本のほうが、それを忘れて、ほとんど毛沢東《もうたくとう》革命のほうに戻《もど》りたがっているような感じかな。「何を考えているんだろう」っていうところだね。

菅首相には〝共産主義の亡霊《ぼうれい》〟がたくさん憑《つ》いている

菅の頭のなかには、ほとんど、「日比谷《ひびや》の年越《としこ》し村《むら》」だか何だか知らないが、あれがあるんじゃないか。彼の頭のなかでは、あれが日本国民の状況《じょうきょう》なんだろうね。

彼は「最小不幸社会を目指す」と言っているけど、ああいう、職にあぶれた失業者に、炊《た》き出しをしたり、毛布を出したりすることを、政府の仕事だと考えているんじゃないかな。

菅には、きっと、終戦のころの餓鬼霊《がきれい》のようなものが、たくさん憑《つ》いているよ。

A――　サイパン島で死んだ日本兵の霊が、菅首相を指導しているというか、守護霊だそうです（『国家社会主義とは何か』〔幸福の科学出版刊〕第2章「菅直人守護霊の霊言」参照）。

高杉晋作　うーん。それは、きっと被害《ひがい》意識の強い人だろうねえ。でも、きっと、ほかの霊も、たくさん寄ってきているよ。

A――　ほかにも憑いていますか。

高杉晋作　おそらくね。うん。共産主義の亡霊《ぼうれい》のようなものが、たくさんくっついていると思うね。

今では時代遅れになった人たちの霊が、この人に取り憑いて、もう一回、社会主義革命、共産主義革命を日本で起こそうとしているように見えるけどね。

菅内閣には「戦災直後内閣」の雰囲気《ふんいき》がある

だから、アメリカのような、ああいう、競争と市場主義の国が嫌《きら》いなんだろうな。

基本的に、彼の頭のなかにあるのは、戦後の復興期のようなものだね。まるで、炊き出しをし、配給制にして、平等な社会をつくるような感じに見える。彼がやろうとしているのは、「配給制の平等」というか、割り当てをして、平等に暮らすようなことだから、それは、いわば〝最低生存生活社会〟だろう。

彼は、そういうことを頭のなかに描《えが》いているので、きっと、この国は、経済的には、もっと貧しくなるだろうね。

豊かな生活を望んでいなくて、「金持ちは、みな悪人だ」と思っているだろうね。「金持ちは悪人だ」と思っているから、おそらく、金持ちいじめを徹底的《てっていてき》にやるよ。金持ちの票の数は少ないからね。

だから、これは、まあ、「戦災直後内閣」だろうね。私のイメージでは、そんな感じかな。

A――　内閣の名前を変えてもらったほうがいいですね。

高杉晋作　ええ。「戦災直後内閣」という雰囲気《ふんいき》があるな。

A――　「奇兵隊内閣」という名前を使うのは許せないということですね。

高杉晋作　ああ、そうだねえ。

もしかしたら、今後、地震《じしん》とか、いろいろと天変地異が起きて、まさしく彼が望むとおりの社会になるのかもしれないけどね。

彼は、かなり貧しい社会を前提にしているね。豊かな社会では、基本的には、共産主義や社会主義は成り立たないんだよ。貧しい社会でなければ、これは成立しないんだ。共産主義が流行《はや》った国は農業国ばかりなのでね。工業が発達し、商業が発達してきたら、共産主義、社会主義というのは、現実には崩《くず》れることになっている。これは、理論的に、絶対、崩れるんだよ。だって、差がつくからね。

工業の世界で言っても、よりよいものをお客が求めるから、企業《きぎょう》間の競争が起きて、悪いものは滅《ほろ》びる。淘汰《とうた》されるね。

そして、商業になったら、もっと激しくサービス合戦が始まるよね。彼の好みではないんだろうけれども、豊かな社会というのは、必ず、そうなる。そうしないと、富が生まれないからね。

だから、彼は、富が生まれない社会を、つくろうとしているんじゃないか。そのように思うね。うん。

2　菅首相の最大の問題点とは

菅人気の背景には「未来への不安」がある

A――　今、菅首相の人気が急上昇《きゅうじょうしょう》し、支持率も高まっていますが、これについては、どう思われますか。

高杉晋作　デフレとか、この前の経済不況《ふきょう》のあおりとかで、国民に、未来への不安、将来への不安のようなものが広がっているので、それとマッチングして見えているんだろうね。

今は高齢《こうれい》社会で、老人福祉《ふくし》が大きな問題だからね。「政府からの金が欲しい人」が非常に増えてきているけど、そういう人も一票を持っているわけだから、菅首相は、その票のことを考えて、先ほどの市川さんじゃないが、まさしく、高齢社会の老人たちを救う社会をつくるつもりでいるんだろうね。

「年寄りに、市場での競争のような、自由競争や能力競争をやらせるわけにはいかないじゃないですか」と、たぶん、そう考えているんだと思う。

経済がまったく分からず、財務官僚《かんりょう》の〝振《ふ》り付け〟で動くだけ

A――　菅首相は、今、政策に関しては、「強い社会保障」など、いろいろなことを言っていますけれども、彼のいちばんの問題点は何でしょうか。最大の攻《せ》めどころは、どこでしょう。

高杉晋作　それは、やはり、「経済がまったく分かっていない」ということだろうと思うね。経済については、今年の春ぐらいから勉強し始めたそうじゃないですか。

A――　そうらしいですね。

高杉晋作　だから、経済がまったく分かっていない。〝振《ふ》り付け師〟がついていて、その振り付けどおりにやってるだけであって、内容は、全然、分かっていないんだよ。

去年、「官僚《かんりょう》を抑《おさ》えて、政治主導の政治をする」と言っていたわりには、中身が空《から》っぽで、実は、官僚に全部、支配されている。だから、官僚は、「政治主導」

の皮を被《かぶ》って、自分たちの思いどおりにやれるようになっている。

官僚は、菅と仙谷《せんごく》の二人を、財務大臣などにして背負ってみて、「中身は空っぽで、何も知らない」ということがよく分かったので、今、「この内閣は、振り付け次第で、どうにでもいじれる」と思っているだろうね。

おもに財務省が主導するのだろうけども、財務省がやりたいのは、「国債《こくさい》の額を減らして、税金をもっと取りたい」ということだ。

福祉については、本当は、それほど真剣《しんけん》には考えていないと思うよ。税金をもっと取って、借金を少なくしたいんだと思うね。

「増税をしても経済成長ができる」という〝魔法《まほう》〟に騙《だま》されるな

だから、「福祉目的でも行けますよ」と言って菅を騙《だま》し、増税をかけようとするのが財務官僚の発想だね。

財務官僚は、「『増税をしても、増えた税収を社会福祉に使えば、経済は成長する』という理論で、菅先生、行きましょう」と言って、菅を焚《た》き付け、国民を騙そうとしている。

菅のほうは、「そうか。社会保障などの福祉をしっかりとやれば、それで経済が成長するのか。それは夢のような話だな。それで財政再建もできるのか。それはすごいな」と思う。まあ、魔法《まほう》のような話なので、菅は、「それなら、わしの願いと、まったく同じだ」と考えて、踊《おど》らされているんだね。

財務官僚のほうは、そんなことをしても経済が成長しないのは十分に知っている。つまり、彼らは、経済成長のことなど考えておらず、均衡《きんこう》財政を考えているだけなんだな。

彼らの望みは、鳩山《はとやま》のときもそうだったんだけれども、「菅人気を使って、何とか増税をかけたい」という、この一点だね。だから、菅人気が高まりさえすれば、手段は何でもいいんだ。

基本的には、やはり、選挙に勝たなければ増税をかけられないので、票を取るための方法を考えるだろう。

例えば、今、老人人口が増えてきているので、老人たちに金をばら撒《ま》く姿勢を見せれば、その票が取れる。

若い人の場合も、職に就《つ》いていない人やニートが大勢いるので、こういう人たちに、「手厚く面倒《めんどう》を見ますよ」とか、「正規の社員になれるようにしますよ」とか言って、いちおう社会福祉のほうを重視する姿勢を取れば、票は取れるんだね。

ところが、選挙で勝ったあと、今度は、手のひらを返すように、増税をかけてくる。

そして、増税をかけるに当たっては、「資本家の存在を許さない」という菅の思想に合わせて、収入の高いところから取るだろうし、大企業《だいきぎょう》の内部留保も増税の対象になるだろうね。

彼には、「お金持ち、財閥《ざいばつ》、鳩山家のような代々の家系を、貧乏《びんぼう》サラリーマンと同じようにしたい」という気持ちがある。同じ党の仲間だけど、実は心は離れていて、菅は鳩山家などが続かないような社会を理想としているんだな。

だから、これは完全に〝社会党政権〟だね。

やはり「最大多数の最大幸福」を目指す政治を

A――　次の参議院選挙まで、もう時間がないのですが、この短期間で、「化けの皮を剝《は》がす」と言うと、少し言葉が悪いですけれども、どうやって菅首相を崩《くず》していくか、これについてのアイデアは何かお持ちでしょうか。

高杉晋作　いずれ、不況が来るから、それで化けの皮が剝がれるけどね。「増税をしても、経済成長はできる」と言っても、「これは嘘《うそ》だ」ということは、もうすぐ分かるからね。

A――　選挙までに間に合いますでしょうか。

高杉晋作　選挙まで騙せたらいいだけなんだよ。だから、参院選と、できたら、そのあとの衆院選までやりたいだろうけど、実は、参院選で勝てば、次の衆院選の前に増税をかけたいんだろうと思うんだよ。

今、衆議院では、民主党が多数派を取っているが、増税を争点にして衆院選をやったら、負ける可能性があるので、今の三百議席以上ある段階で増税に関する法律を通してしまいたいところだろうね。これを考えていると思う。

菅さんは、まったく経済を理解していないので、財務官僚の振り付けどおりに動いていて、草の根運動のようなものばかりに関心があるけれども、本来、彼が政治として考えているものは、実は、昔の宗教の代替物《だいたいぶつ》なんだよね。

「マザー・テレサが貧困層に施《ほどこ》しをしていたようなことを、政治でやろうと思っている」というところだろう。

だから、この内閣は、要するに、「中流以上の国民が不幸になる内閣」だね。いちばん不幸な人のところには、手を差し伸《の》べるけれども、うまくいっているところについては、放置するというか、そういう人たちに、もう少し不幸になってもらって、誰《だれ》もが平等になる社会を目指しているんだね。

これの反対は、やはり、「最大多数の最大幸福」だろう。政治は、普通《ふつう》、「最大多数の最大幸福」を目指さなくてはいけないんだけれども、それを脇《わき》に置いておいて、いちばんうまくいっていないところにだけ、力を入れて政治をすれば、仕事が少なくて済むわけだね。

そして、効果があったように見せれば、マスコミが、それに飛びつく。そういう、マスコミの習性を、菅さんは、よく知っているんだね。「ここだけは、手当てを尽《つ》くして救いました」というようなことをしたら、マスコミが飛びついてくることを、よく知っているんだよ。

マスコミには、そういう傾向《けいこう》があることはある。マスコミは無名の権力で、財閥にはなれない人たちではあるので、そういうものが好きなんだよね。

だから、菅さんは、このへんの〝つかみ〟が、うまいことはうまいよねえ。

Ａ――　七月十一日が参院選の投票日になりそうですが、それまでの間に、幸福実現党は、どう戦うべきでしょうか。

高杉晋作　今、日本は、「毛沢東革命《もうたくとう》」「金日成革命《きんにっせい》」のほうに向かっているから(笑)、彼らが崩壊《ほうかい》した過程を、もう一回、辿《たど》らなくてはいけない。

時代を、昭和の過去に戻《もど》そうとしているんだろう？　一九四九年ぐらいにまで戻そうとしているんじゃないか。たぶん、そのぐらいにまで戻そうとしているので、それからの戦後復興期を、もう一回、やらないといけないのではないかな。

これで、たぶん、経済は縮小するだろうし、不況は長引くだろうし、大企業は、財務体質のいいところであっても、けっこう潰《つぶ》れていくだろう。

おそらく、彼の平等思想から見て、中国国民の経済レベルにまで、日本国民の経済レベルを落とすことを理想とするだろうね。

外交も弱点の菅首相にアメリカが引導《いんどう》を渡《わた》す?

A――　これでは、やはり、「日本の国民は、ある程度、痛い思いをしないと、真実が見えてこない」ということになりましょうか。

高杉晋作　奇兵隊《きへいたい》に武士のまねをさせることには、なかなか大変なところがあるからねえ。国民も、賢《かしこ》いふりをするのは、なかなか大変だろうね。

この程度の人が総理なんだから、マスコミも、来年には、また、手のひらを返したようにはなっているだろうとは思うよ。

マスコミが「庶民的《しょみんてき》な首相」と言う場合には、「ばかだ」という意味か、「われわれと変わらない」という意味だからね。だから、持ち上げるときには、そう言

っておいて、「仕事ができない」と明らかになった場合には、今度は撃《う》ち落とし
にかかるだろうから、おそらく、そのあとは、ひどい言い方をするだろう。
菅さんは、日本で社会主義革命をやろうとしているわけだが、社会主義の本質
を知らないんだね。理系頭脳の人の場合、特に理論的にやれるもののことが、す
ごく美しく見えるんだよ。
基本的には財務官僚に騙されているんだろうが、それは本人にも責任はある。
経済のことを知らないから、〝振り付け師〟に騙されているんだね。
「きちんと無駄遣《むだづか》いを減らして、社会福祉とか、零細《れいさい》企業などを助けるほうに
金を出せば、増税をかけても大丈夫《だいじょうぶ》です」と言っているけれども、それだと、大
企業や、自由市場で活躍《かつやく》している人たちは、みな、閑古鳥《かんこどり》が鳴く世界に入ること
になり、たぶん、絞《し》め殺して食べようとしていたニワトリが、逆にやせ細るよう
な状態になるだろうね。

このように、菅首相の一番目の弱点は、もちろん、「経済」だ。間違《まちが》いない。それから、二番目の弱点は「外交」だね。間違いなく、この人の頭は、まだ東西の冷戦が終わっていない時代の頭だと思う。

東西の冷戦が終わっていない一九八五年ぐらいまでは、まだまだ、「アメリカ側と、中国やソ連の側とでは、どちらが正しいか、分からない」という感じだった。

そのため、東側を理想的に言う政治学者などが数多くいて、彼の頭には、そういう考え方が刷《す》り込《こ》まれていると思うので、彼は中国に寄っていくだろうね。でも、基本的には、またしても、アメリカが、彼に引導《いんどう》を渡《わた》すんじゃないか。鳩山のときと同じだと思うよ。たぶん、またしても、アメリカの〝極左政権〟であるオバマ政権によって引導を渡されることになると思うね。アメリカは、「とても付き合いきれない」と思うのではないだろうか。おそらくそうだと思うね。

A――　はい。ありがとうございます。

では、質問者を交替《こうたい》させていただきます。

3 「革命の心」とは何か

C――　本日は、ありがとうございます。私は、「天性の革命児」と言われる高杉晋作先生を、本当にご尊敬申し上げております。

高杉晋作　そんな、あとから取って付けたように言うなよ（笑）。早く死んだら、何とでも言い放題だからね。長生きしたら、もう、さんざんに言われるけれども、若くして死ぬと、みな、そう言ってくれるのさ。あんた、早く死んだほうがいいよ、本当に（会場笑）。そうすると、「惜《お》しかった」って、ほめ上げられるよ。

C――　ええ。高杉先生は、外交・軍事の天才と言われておりますし、実際に、下関《しものせき》戦争後の交渉《こうしょう》において、連合国が要求してきた「彦島《ひこしま》の租借《そしゃく》」を退《しりぞ》けられました。この一点だけでも、日本が植民地化されて子孫がバラバラになるのを防がれたのではないかと思います。

今、日本には、「菅―仙谷《せんごく》ライン」による左翼《さよく》政権が誕生しました。

高杉晋作　そうだね。

C――　また、日本の経済人や財界人は、経済的利益に目を奪《うば》われていて、親中国的な傾向《けいこう》を持っているわけですが、今、中国大使に、伊藤忠《いとうちゅう》相談役の丹羽《にわ》氏を立てるというような話も出ています。

これは、日本の国益を考えると、非常に危ない状況《じょうきょう》なのではないかと思います。

そこで、こうした、外交について、特に対中国経済の問題について、高杉先生からアドバイスをいただければ幸いです。

中国政府にとって、「自由」は悪である

高杉晋作　中国は、今、「政経分離《せいけいぶんり》」を国家の信条にしてやっているからね。だから、賭《か》けは賭けだけれども、「資本主義経済のほうが、完全に中国を席巻《せっけん》してしまって、政治のほうを倒《たお》してしまうところまで行くかどうか」というのが、一つにはある。
ただ、中国は軍部がすごいのでね。軍部のほうが強力で、独裁体制になってい

るので、軍部から弾圧《だんあつ》をされたら、そう簡単にはいかない。それに、中国の歴史は反乱の歴史で、そのへんの対処法はよく知っているので、やはり、独裁的弾圧をするだろうね。

だから、また流血を起こすだろうが、さあ、それを抑《おさ》え切れるかどうかだ。「金儲《かねもう》けをしたい欲望」と、「人民を統制したい欲望」との戦いを、今、やっているところだからね。

ソ連の崩壊《ほうかい》を見て、「ああは、ならないように」というのが、今の政権中枢部《ちゅうすうぶ》の合言葉だ。だから、彼らは、「情報公開とか、自由とか、こんなものは与《あた》えてはいけない」ということだけは、よく分かっているんだ。それをやったら、国が崩壊するということが分かっているので、中国政府にとって、「自由」というのは悪なんだよ。

ただ、「お金儲けをする猫《ねこ》は、いい猫である」と言っているし、あるいは、鵜《う》飼《か》いの鵜のように、「魚を獲《と》る鵜は、いい鵜である」ということで、獲らせる側の論理だけは、はっきりしているんだけれどもね。

しかし、まあ、民主党政権は、「アメリカとの同盟関係は維持《いじ》する」とは言いつつも、次第しだいに、やはり、〝好きなほう〟に巻き込《こ》まれてはいくだろう。

今、〝極左政権〟のアメリカともうまくやっていけないようなら、次に、共和党政権が出てきた場合、日米関係がもたなくなって、外交的には、かなり厳しいことになると思うね。

菅さんは、最初、中国を訪問しようとしていたんだろう？　あとで取り止めたけどね。だから、アメリカのほうは、本当に、「会いたくもない」というレベルに近くなっている。

前の安倍《あべ》政権や、その前の小泉《こいずみ》政権のときは、中国のほうが、「会いたくない」という感じの状況が続いていたけれども、この民主党政権だと、アメリカのほうがだんだん距離《きょり》を取ってきて、「もう、ばかばかしくて相手にできない」という感じになってくるだろうと思う。

そのため、この政権は、次に、軍事的にも変なことを、きっと言い出すだろうな。

彼らは、自分たちを「左翼」とは認識していないんだよ。左翼と認識していない左翼であり、「民主主義をやっている」と思っているわけだ。

だから、このへんが、中国や北朝鮮《きたちょうせん》と一緒《いっしょ》なんだよね。中国や北朝鮮は、自分たちの国を民主主義の国だと思っている。そこが、共通認識としてまったく一緒なんだね。

もうすぐ、中国や北朝鮮《きたちょうせん》は本性《ほんしょう》をむき出しにしてくる

だから、いずれ、どうなるだろうね。まあ、やはり、一つにはアメリカの圧力があるし、先ほど、市川房枝が「北朝鮮《きたちょうせん》は、理想の国だ」などと言っていたけれども、もうすぐ、北朝鮮や中国の「化けの皮」が剝《は》がれるというか、本性《ほんしょう》が出てくると思うんだよ、外敵としてのね。

彼らは、鳩山政権に続いて、この政権をなめているので、本性をむき出しにしてくると思う。まったく警戒《けいかい》せずに、堂々と、自分たちの政治的本心を出してきて、日本国民にそれを支持させようとするだろう。

「アメリカなんか、もう弱っていて怖《こわ》くもない。まして日本などまったく怖くない」というようなことを、一生懸命《いっしょうけんめい》にプロパガンダをして、軍事的に制圧でき

そうな雰囲気《ふんいき》を見せてくると思うんだよね。

そうなったときに、日本の国民が、幸福実現党の言っていることに聞く耳を持つかどうかということだろうね。

今の幸福実現党の街宣だけ聴《き》くと、右翼が街宣をやっているように思われているかもしれない。要するに、「本当に政党をつくるつもりはなくて、政治団体として、街宣だけをやるところなのかな」と思われているのではないかね。「実際に政権を担当する気などなく、右翼の街宣活動のようなことを、宗教の一部としてやっている」というふうに認識しているのだと思うよ。

だから、「実際に政治をやるつもりはないのだろう」と思って、幸福実現党を応援《おうえん》する力がそれほど出てこないのだろうし、マスコミもそのように思っている節《ふし》はあるね。

日本は「最後の社会主義大国」になるかもしれない

実は、この裏には、思想戦があって、日本が、最後の社会主義大国になるかもしれない寸前のところに、今、来ているということだね。

まあ、揺《ゆ》り返しといえば、揺り返しだ。ただ、これは、安保世代が、みな表舞《おもてぶ》台《たい》から消え去ったら、急速に弱ってくる可能性もあるんだけどね。

だから、自分たちで不況をつくって貧しくしておきながら、「やはり、社会主義の時代だ。社会主義が必要なのだ」と言って演出するような、「マッチポンプ型の政治」になりそうな感じだね。

自分たちの政策が悪いために、国民が貧しくなっているにもかかわらず、「社会は、このように貧しいのだから、やはり、金持ち優遇《ゆうぐう》はいけない。みな、貧しい人と同じようにしなければいけない」というような〝刷り込み〟が、たぶんなされるだろうね。

うーん。でも、これはきっと、揺り返しがくるかな。

C――　ありがとうございます。

菅直人は、市民運動家としては出世しすぎた

C――　短期的には、「この『菅―仙谷政権』をどう倒していくか」ということもあるのですが、もう一つ、中長期的な戦略として、「幸福実現党が第一党を取り、宗教立国を成《な》し遂《と》げて、この国を世界のリーダーとし、幸福で平和な世界をつくっていく」ということを考えています。

この大きな戦略の道筋、勝ち筋、戦い方などについて、教えていただければと思います。

高杉晋作　今、いちばん心配なのは、国防を訴《うった》えても「票にならない」というところだろうね。

明治維新のころは、国防について、誰《だれ》もが関心を持っていたし、実際に、中国が、アヘン戦争でヨーロッパの植民地にされているのを知っていたからね。だから、「下手をすると、日本も、ああなる」ということで、国防の大事さが、いちおう分かっていたんだけれども、今は、「侵略《しんりゃく》される」というような実感が、あまりないんだと思う。

だから、核兵器《かくへいき》に取り囲まれていても、「商売の取り引きだけで、何とかやっていける」と思っているような、能天気な社会になっているんだね。

まあ、菅は、何か奇抜《きばつ》なことをやろうとするかもしれない。今、イランの核開発をやめさせようとして、アメリカが圧力をかけているけれども、イランのほうは、「日本だってプルトニウムをたくさん持っているぞ」というようなことを言っているそうだね。

それで、「まことに、そのとおりだ。日本の原発でプルトニウムが蓄積《ちくせき》されるのはよくない。これでは、原爆《げんばく》ができてしまうから、そういうものはなくそう」というようなことを、平気で言い出しかねないところはあるかもしれないね。

だから、この人は、経済、軍事、外交は、基本的には駄目《だめ》だろうと思うし、本質的に素質がないと思うね。

市民運動家としては、出世しすぎたんだよ。政治家を長くやったために、ここまで上がったんだが、本当は、こんなに出世してはいけなかったね。やはり、小党で、「一部の人たちの利害を代表して意見を言う」というぐらいでよかったと思う。これは、基本的には、共産党が天下を取ったのと変わらない状態になってきつつあるね。

政権の母体である民主党のなかには、保守的な考えを持っている人も、まだ、ある程度の数はいるので、完全に共産党のようにはならないだろうがね。

これは、日本にマザー・テレサが来て、やる仕事がなかったのと同じ状態だよ。彼女は、シスターを日本に連れてきて、インドのように救済に入ろうとしたけれども、日本には病院がいっぱいあって、いくらでも手当てを受けられるし、食べ物がなくて死ぬ人もいないような状態なので、日本へ来ても仕事がなかった。それと同じような状態ではあるだろうね。

基本的に、菅政権がやろうとしている仕事は、本当は日本にはないと思うので、〝逆の仕事〟をつくられないように警戒するしかないだろうね。

それから、この菅政権だけでなく、宗教や宗教政党に対する国民の意識そのものも、先ほど出てきた、死後、成仏《じょうぶつ》していない人たちと同じような意見が非常に強い状態になっているし、宗教のなかにも、あの世を信じていない宗教家がたくさんいる状態になっている。これは、教育からきている問題だろうけれどもね。

この日教組《にっきょうそ》の問題も、民主党の抱《かか》える問題だし、また、労働組合の問題もある。そういう社会主義の問題が、今後、全部、噴出《ふんしゅつ》してくると思うね。だけど、ある意味で、問題が噴出することによって瓦解《がかい》するものもあると思うんだよ。

だから、一生懸命、社会主義色を出してくればくるほど、馬脚《ばきゃく》を露《あら》わすところもあるので、「幸福実現党の戦略は?」と訊《き》かれても、まあ、今は、時を待つしかないかもしれないなあ。

方法はないかもしれないなあ。

「幸福実現党の言っていることが、だんだん当たってきている」というのを、人々が実感してくれば、応援が増えてくるだろうと思う。

日本が社会主義の理想を実現した背景にあるもの

今は、「北朝鮮と中国と日本のうち、どの国の社会主義が最初に潰《つぶ》れるか」という競争をしているような状態だね。

意外に、日本が最初に崩壊するかもしれない。日本は、ある意味で、社会主義の理想を実現したようなところがあるからね。

日本が社会主義の理想を実現した背景には、実は、税務署の力が強く働いている。もう一つは、マスコミの力だね。「一人一票で投票でき、それをマスコミが支配できる」ということによって、ある意味で、社会主義の理想が実現したところがある。

日本人は嫉妬《しっと》深い国民なので、他の人と一緒でないものを、一生懸命に引きずり降ろす。自分が上がることよりも、まずは他人を引きずり降ろすことをやるような国民なんでね。

だから、日本人には、そういう社会主義的なものを、一度、はっきり認識させ、その上で、「ソ連は偶然《ぐうぜん》に負けたのではなく、社会主義が敗れたのだ」というところを、もう一回、見せる必要がある。

左翼の人たちは、本当は、社会主義が負けたとは思っていないんだよ。「たまたま、ゴルバチョフが失敗したのだ」と思っているところがあるんだ。「その証拠《しょうこ》に、中国は成功しているではないか。指導部がしっかりしていれば大丈夫《だいじょうぶ》なのだ。ゴルバチョフがいい格好をして、西側のまねをしたために敗れたのであって、社会主義のテイスト（特質）を護《まも》り切れば、崩壊せずに発展できるのだ」というのが、中国の立場だろうし、その中国を理想化したいのが、実は、菅政権のスタイルだろう。

だから、「アメリカとの関係を、どう調整しながら、中国寄りに持っていくか」ということを、今、一生懸命に計算しているところだろうね。

あとは、財務省のなかにある左翼的な考え方のところと協力したいだろう。相続税をたくさん取ったり、累進《るいしん》課税をかけたりするのは、社会主義思想そのものなので、財務省の「徴税《ちょうぜい》したい」という強い欲得に、今、菅政権がちょうどマッチングしているんだろうね。

民主党政権の裏にあるマスコミの力

まあ、このへんが、行き着くところまで行かないと、駄目かもしれないね。

「鳩山は、個人の資質が悪かったので、八カ月半で駄目になったけれども、菅だったら行けるのではないか」というのが、次の実験だろう?

その裏にあるのは、やはり、マスコミなんだよ。自民党政権を、何十年もずっと批判してきたので、「マスコミの力で政権交代をやった」と言われたくて、自分たちが〝明治維新〟を起こしたような気持ちになって喜んでいるわけだよ。

ただ、鳩山政権が予想に反して短く終わってしまったので、「鳩山は、ぼんぼんだから駄目だったのだ。本当の社会主義革命ができるのは、菅ではないか」ということで、まあ、待望論が出ているわけだね。

ところが、実際に、マスコミが潰れたり、マスコミの人たちの給料が減らされたり、リストラが相次いだりしたら、やはり、マスコミのなかから文句が出てくるよ。「前よりもひどい」という感じは、だんだんに出てくるだろうと思うね。

だから、幸福実現党としては、もう少し耐《た》えなければいけないかな。でも、いちおう、菅政権の正体は明らかにしないと駄目なんじゃないか。今のところ、正体を隠蔽《いんぺい》して乗り切ろうとしているので、参院選まで騙《だま》せるかどうかだが、もし騙し切れたら、次は、いろいろと法律をつくって、自分のやりたいようにやろうと考えているはずなのでね。

おそらく、民主党は、衆議院の任期いっぱいまでは、首相の首を何人挿《す》げ替《か》えてでも生き延びようとするだろうから、その間《あいだ》に、批判を加えつつ、戦う態勢をつくる以外にないね。

マスコミが、実は、現代の「ギロチン台」なんだよね。マスコミがギロチンの死刑執行人《しけいしっこうにん》になっている。このマスコミは、そう簡単に、宗教政党を第一党なんかにはしてくれないので、今のところ、保守政党との連立のようなかたちでしか政権には入れないかもしれないね。うん。

C――　分かりました。

「革命の要諦《ようてい》」は、規制や取り締《し》まりなどを打ち破ること

C――　今、日本全国で、現代の志士たちが、幸福維新を起こそうと頑張《がんば》っているわけですが、最後に、革命の天才である高杉先生から、「革命の心」「革命の要《よう》諦《てい》」というものについて、お教え願いたいと思います。

高杉晋作　まあ、革命の要諦はだねえ、いろいろな規制や取り締《し》まりなどを打ち破ることだね。

つまり、「かかあ天下《でんか》」で苦しんでいる人は、「どうやって、そこから逃《のが》れるか」が革命だし（笑）、上士《じょうし》と下士《かし》の差別がある身分制社会だったら、「上士の弾圧から、どう逃れるか」が革命だし、外国からの侵略の危機があったら、「その

侵略から、どう逃れるか」が革命だし、国民の財産を奪おうとする政治があったら、「その政治から、どうやって財産を護るか」ということで戦うのが、革命だね。

今、マスコミ主導で、「増税やむなし」の路線にガーッと持っていこうとしているんだろう？　それは、財務省主導型に戻《もど》されているだけなんだけど、経済についての知識がないために財務省にやられているわけだ。けれども、やはり、減税の主張のところは、何としても頑張ったほうがいいのではないかなあ。

今、マスコミが、一斉《いっせい》に口をつぐんでいるのが、「小泉政権以降、緩《ゆる》やかだけれども、戦後最長の経済成長、景気向上があった」という事実だ。これについて、彼らは口封《くちふう》じをし、悪いことばかりを言っている。

しかし、マスコミが、「格差ができた」と言って批判し、小泉路線を引き継《つ》ぐ政権を引きずり降ろしたあと、景気が悪くなっていっているんでねえ。

格差を否定したら、株価なんか上がりはしないよ。株で儲ける人が出てくるのは許せないことになるからね。

だから、これは、基本的に、「資本主義の心」「市場経済の心」を理解していないということだろうね。やはり、小泉政権のとき以上の株価を目指して、やっていかないといかんとは思うね。

いずれにせよ、菅政権は、「戦後復興期内閣」のようになると思われる。とにかく、不幸な人が出てくれないと〝仕事〟ができないんだよ。病人が出ないと病院が流行《はや》らないのと一緒で、何かそういう、お金をばら撒《ま》く先を欲《ほっ》しているので、失業者や倒産する会社、それから、働かない高齢者《こうれいしゃ》がたくさん出ることを、実は望んでいると思うね。

病気になったり、家族がバラバラになったり、家族に捨てられて独りになったりする人がたくさん出ることが、実は、〝仕事〟の発生源なんだ。彼らの心のなかからは、宗教が消えてしまい、政治が宗教に成り代わっている。これは、根本的にマルクス主義だね。「宗教はアヘンであり、現実の政治が宗教の代わりをする」という考えで、まだ、そういう共産主義的ユートピアを求めているんだろう。

共産主義は、基本的に「統治の側の論理」ではない

この戦いは長いけれども、真理の立場から言えば、要するに、あの世を信じない方向に世論《せろん》を誘導《ゆうどう》していくものが繁栄《はんえい》することは、あまり望ましいことではないだろうね。

まあ、ちょっと「モグラ叩《たた》き」風になって、次から次に、出てくるやつを叩いていかなければいけないので、厳しいですがねえ。

もうあれじゃないか？　今、宮崎《みやざき》で口蹄疫《こうていえき》が流行して、牛がたくさん殺され、

さらに近県に広がろうとしているけれども、宗教としては、「これは、神の祟《たた》りじゃあ！」と言って回るぐらいしか、もう手はないかもしれないねえ（会場笑）。「民主党政権の祟りじゃあ！」と言うしかないかもしれないねえ。

この政権は、基本的に、「富は悪だ」と思っているので、儲けさせてはくれない政権だと思うよ。しかし、為政者《いせいしゃ》として、これでは駄目だね。

これだと、自分たちの思いに反して、「不作が続き、飢饉《ききん》が続いているのに、増税しようとしている悪代官」のようになってしまうよ、きっと。不作のときに、種籾《たねもみ》まで巻き上げていこうとするような感じかな？「その種籾を取られたら、来年、田植えができなくなるんです」と言っても、「そんなことはない！おまえは、どこかに自分たちの貯《たくわ》えを隠しているはずだから大丈夫だ」と言って、来年の田植え用の種籾までかっさらっていくような、そんな政権になるような気が、私はするね。

ただ、この政権を倒すと言っても、元が、国民とマスコミの「無明《むみょう》」から発生しているものなので、難しいものがある。彼らは、「鳩山は、たまたま個人的な性格が〝宇宙人〟だったので、駄目だったのだ。違《ちが》う人なら行けるのではないか」と思っていて、「民主党革命は正しかったのだ」と言い続けたいわけだ。

だから、これが失敗するときは、朝日系のマスコミはみな傾いて沈没《ちんぼつ》することになるだろうね。朝日系のほうが、民主党を応援しているのは明らかであって、これが日本の言論リーダーなんだろう？

日本が社会主義天国であるということを、アメリカも本当は分かっていなかったかもしれないが、これは戦後の占領《せんりょう》政策の間違いの一つだよね。

アメリカは、戦前の反対をやろうとして、日本に共産主義をだいぶ入れてしまった。そのあとで自分たちが共産主義勢力と戦い始めたときに、日本を元に戻そうとしたのだが、それもできずに共産主義思想が広がってしまったということだね。

共産主義というのは、結局、「不平不満の現実化」のことだよ。不平不満を政治原理にした運動なので、基本的には、統治の側の論理ではないんだよ。だから、不平不満型の政治をするんだね。

それが統治の側に回ったら、どうなるかというと、まあ、カルマの刈《か》り取りになるだろうね。きっと、新たな〝一揆《いっき》〟によって倒されることになるだろうと思う。これが革命だというのなら、それに対する反革命が、もう一つ、きっと起きると思うね。

今、「宗教の革命」と「政治の革命」が同時に来ている

まあ、首相が替わって支持率が上がったところを見ると、「鳩山個人の資質に

問題があっただけで、政権交代自体はいいことだ」と、まだ思っているということなんだろうから、やはり、気がつくまでやらせなければしかたがないね。

幸福実現党としては、やはり警告は発し続けたほうがいいし、今、霊言集《れいげんしゅう》がたくさん出ているんだろう？　恐《おそ》ろしいほどの数が出ているが、これによって、「あの世はあるのだ」と言い続けているんだろう？　「あの世はない」という政治を一生懸命にやろうとしているのに、「あの世はある」と言い続けているわけだから、まあ、精神界の革命も同時に起きているということだよね。

これは、大きな戦いだと思うよ。日本全体の国是《こくぜ》、国体を引っ繰《く》り返せるかどうかという、かなり大きな戦いをやっているので、そんなに簡単でないことは間違いないね。

だから、十年戦争、二十年戦争を覚悟《かくご》しないといけない。先ほどの市川房枝のように、この世で活躍し、ほめ称《たた》えられていたような人が、死後、あの世のことが分からないような状態になっていることがたくさんあるわけだ。

これを引っ繰り返さなければいけないので、宗教の革命と、政治の革命とが同時に来ていると思うよ。だから、十年戦争、二十年戦争ぐらいはやるつもりでいないと駄目だと思うね。

これは、政治およびマスコミとの戦いだ。マスコミも、結局、不平不満の代弁によって飯を食っているところであり、それは一部にあってもいいんだけれども、統治の側にはなれない人たちなのでね。

だから、まあ、やらせてみたらいいが、まずは、「増税でも、金の使い方によっては、経済成長ができる」という嘘がバレるのに、一年はかからないと思うね。

それと、中国や北朝鮮は、あちらもまた嘘がすごいので、もっと馬脚を露《あら》わしてくるだろう。また、アメリカのほうも、「三下《みくだ》り半《はん》」を日本に突《つ》きつけてくるだろう。

こうしたなかで、まあ、幸福の科学のほうは、宗教革命、精神革命を進めて、「あの世がある」ということを認めさせていく宗教運動をきちんとやらなければいけないし、教育革命もやらなければいけないということかな。

やはり、戦後体制の総決算が、再度、必要だね。うん。

でも、そんなに簡単ではないと思うよ。

C――　ありがとうございます。民主党が、左翼政権、社会主義政権であるということ、また、「貧乏神《びんぼうがみ》政権」であるということを訴え、一日も早く国民を啓蒙《けいもう》して、真の宗教立国を成し遂げてまいりたいと思います。

本日は、ご指導、まことにありがとうございました。

高杉晋作　はい。

A――　ありがとうございました。

大川隆法　まあ、なかなか大変なようですね。簡単ではないようです。でも、これは、多数派がそうなのでしょうから、しかたがないですね。あの世を認めている人は、公式に訊けば、二割か三割ぐらいしかいないでしょう。したがって、民主主義の原理を使われたら、基本的には勝てないので、神様の側からの革命運動になってしまいますね。日本は、そういう唯物論《ゆいぶつろん》国家になっているわけです。

A――　「事実は事実。真実は真実」ということで押《お》していくしかないですね。

大川隆法　誰か、磔《はりつけ》になる人が要《い》るのかなあ（会場笑）。しかたがないですね。まあ、いいでしょう。

菅総理がどこまでやるかは知りませんが、鳩山ほどはもたないような感じがします。今日は、「菅総理の原点に迫《せま》った」ということで、終わりにしましょう。

Ａ――　はい、ありがとうございました。

あとがき

菅直人新総理の尊敬する二人の政治家、すなわち市川房枝氏と高杉晋作氏を招《しょう》霊《れい》し、この政権の本質を判定したのが本書である。

一言《ひとこと》で言って、「神も仏もないバチあたり政権」であり、国民を地獄行き超特急に乗せたということである。

富を憎み、嫉妬心を増幅《ぞうふく》させ、「格差是正《かくさぜせい》」という名の偽《いつわ》りの神の前に、マルクスの亡霊《ぼうれい》を復活させ、無神論《むしんろん》・唯物論《ゆいぶつろん》の国是《こくぜ》を堅持《けんじ》する――それが最小不幸社会を目指す内閣の正体である。

菅総理よ、よく知るがよい。自助努力と信仰心を失った国が繁栄することはないということを。

市川房枝は死後二十九年経って、自分が死んだことさえも判らず、高杉晋作はあきれはてているのだ。

「国難パート2《ツー》」が一日も早く終わりますように。

二〇一〇年　六月十五日

国師《こくし》　大川隆法《おおかわりゅうほう》

『菅直人の原点を探る』大川隆法著作関連書籍

『日米安保クライシス』（幸福の科学出版刊）
『国家社会主義とは何か』（同右）

菅直人《かんなおと》の原点《げんてん》を探《さぐ》る ――公開霊言 市川房枝・高杉晋作――

2010年6月24日　初版第1刷

著　者　大《おお》川《かわ》隆《りゅう》法《ほう》

発行所　幸福の科学出版株式会社

〒142-0041 東京都品川区戸越1丁目6番7号
TEL(03)6384-3777
http://www.irhpress.co.jp/

印刷・製本　株式会社 堀内印刷所

落丁・乱丁本はおとりかえいたします

ISBN978-4-86395-058-0 C0030
Photo: Fujifotos/アフロ，アフロ

大川隆法ベストセラーズ・霊言シリーズ

未来創造の経済学

公開霊言 ハイエク・ケインズ・シュンペーター

現代経済学の巨人である三名の霊人が、各視点で未来経済のあり方を語る。日本、そして世界に繁栄を生み出す、智慧の宝庫。

1,300円

ドラッカー霊言による「国家と経営」

日本再浮上への提言

「経営学の父」ドラッカーが、日本と世界の危機に、処方箋を示す。企業の使命から国家のマネジメントまで、縦横無尽に答える。

1,400円

景気回復法

公開霊言 高橋是清・田中角栄・土光敏夫

日本を発展のレールに乗せた政財界の大物を、天上界より招く。日本経済を改革するアイデアに満ちた、国家救済の一書。

1,200円

富国創造論

公開霊言 二宮尊徳・渋沢栄一・上杉鷹山

資本主義の精神を発揮し、近代日本を繁栄に導いた経済的偉人が集う。日本経済を立て直し、豊かさをもたらす叡智の数々。

1,500円

大川隆法ベストセラーズ・新しい国づくりのために

大川隆法 政治提言集

日本を自由の大国へ

2008年以降の政治提言を分かりやすくまとめた書。社会主義化する日本を救う幸福実現党・政策の真髄が、ここに。

1,000円

宗教立国の精神

この国に精神的主柱を

なぜ国家には宗教が必要なのか？ 政教分離をどう考えるべきか？ 宗教が政治活動に進出するにあたっての、決意を表明する。

2,000円

危機に立つ日本

国難打破から未来創造へ

現政権の根本にある思想的な誤りを克明に描き出す。未来のための警鐘を鳴らし、希望への道筋を掲げた一書。

1,400円

創造の法

常識を破壊し、新時代を拓く

斬新なアイデアを得る秘訣、究極のインスピレーション獲得法など、仕事や人生の付加価値を高める実践法が満載。

1,800円